AAN THAI

Basic Thai Reading Textbook

AAN THAI

Basic Thai Reading Textbook

Titima Suthiwan

and

Rungnapa Kitiarsa

RIDGE BOOKS
SINGAPORE

© Titima Suthiwan

Published under the Ridge Books imprint by:

NUS Press
National University of Singapore
AS3-01-02, 3 Arts Link
Singapore 117569

Fax: (65) 6774-0652
E-mail: nusbooks@nus.edu.sg
Website: http://nuspress.nus.edu.sg

First Edition 2008
Reprint 2010
Reprint 2015
Reprint 2017
Reprint 2019
Reprint 2021

ISBN   978-9971-69-449-4 (Paper)

Typeset by: International Typesetter
Printed by : Markono Print Media Pte Ltd

Acknowledgements

I owe a debt of gratitude to many people who have supported me in making this book happen. First, I would like to thank my dear friend and illustrator — M.L. Sirina Jittalan, without whose beautiful illustrations this book would not have been possible. I would also like to thank Rungnapa Kitiarsa for her assistance in the preparation of exercises and the appendix. Without her contribution, it would have taken another few years for the book to be completed. I also feel grateful to all the teachers in the Thai language program at the National University of Singapore who have used the draft version of the book and given me invaluable feedback.

Special thanks are due to Natchapat Oontrongchit for her work on the layout of the book and her IT support; to Sasiwimol Prathoomthin, for her admirable assistance in running the Thai language program at the National University of Singapore while this book was being prepared; to Tara Jittalan for the drawing assistance she lent to her mother, Sirina, and to Alan D. Ziegler for editorial assistance.

Titima Suthiwan

Introduction

Aan Thai, or "Read Thai" in English, is prepared as a companion to its predecessor, Khian Thai, or "Write Thai". It is not meant to be used alone. In Khian Thai, students learn about the sound system of the Thai language, how syllables and words are formed, and how the writing system works to represent these sounds. Phonetic symbols are used in transferring the sounds to their signs in Khian Thai, as it is these sounds themselves that the alphabet, or signs, represents.

After learning each step in the Thai writing system in the first half of Khian Thai, students can practice reading simple Thai syllables, words, phrases, paragraphs, and stories in Aan Thai. Designed as a companion to Khian Thai, and to reinforce students' skill in writing and reading basic Thai, the book uses the Thai alphabet exclusively. To help students understand what is being read without having to resort to translating through a second language, pictures help convey the messages. A glossary and pronunciation guide are provided in the appendix for those who use this book as self-learning material and want to check their understanding.

Each lesson in the book begins with a vocabulary reading, following the pedagogy employed in Khian Thai, with pictures conveying the meaning of each word. After the vocabulary, there are phrase, sentence, and story reading practices where the learned vocabulary from both Aan Thai and Khian Thai are designed to work together to form meaningful texts. The teacher is expected to make sure that students truly understand the texts. The students are expected to observe the underlying syntactical rules used to generate the sentences and paragraphs. The teacher should also encourage the students to use those rules to generate sentences and paragraphs on their own.

Following these reading exercises are comprehensive vocabulary, syntax, reading, and writing exercises where students are asked to choose, in one exercise, and to write, in the other, a sentence that accurately describes each set of pictures. More syntactic rules can be observed in these exercises, thus expanding the students' knowledge of the language.

After completing Aan Thai, students should have a firm foundation of the basic Thai writing and reading system, and be adequately prepared to proceed with the more complicated materials in the second half of Khian Thai.

สารบัญ

บทที่ ๑

ปูตาโต

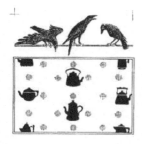

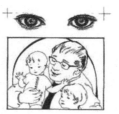

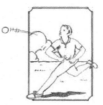

คำ **Vocabulary**

กา

ตา

ปา

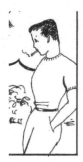

อา

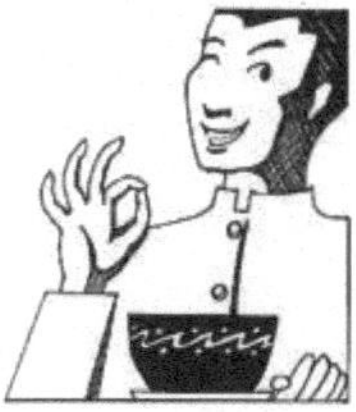

ดี

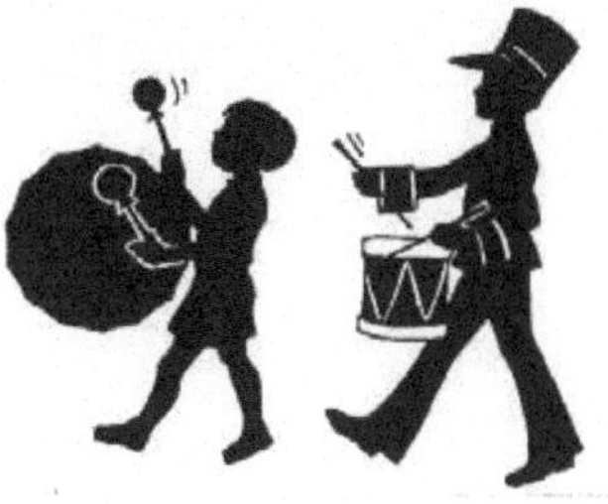

ตี

ดู ปู โบ*

จอ ตอ เจอ

แบบฝึกอ่าน ๑   Reading Practice 1

ดู กา	ดู ปู	ดู งู
ตา ปู	ตา กา	ตา งู
ปา โบ	ปา จอ	ปา ปู
เจอ กา	เจอ อา	เจอ ตอ
ตี งู	ตี กา	ตี ปู
จอ ดี	เจอ ดี	ตา ดี

แบบฝึกอ่าน ๒   Reading Practice 2

งู ตา ดี	งู เจอ ปู
ปู เจอ ตอ	ปู ดู อา
อา ดู จอ	จอ โต ดี
ปู เจอ ดี	อา ปา โบ
อา ปา งู	งู ตา โต

แบบฝึกอ่าน ๓   Reading Practice 3

กา ตา ดี เจอ ปู ตา โต

อา ดู ปู   กา เจอ ปู กา ดู ปู

กา ตี ปู   ปู เจอ ตอ

อา ดู กา ตี ปู ตา โต

อา ตี กา   อา ปา กา

กา เจอ ดี

<u>แบบฝึกหัดที่ ๑</u> **<u>Exercise 1</u>**

๑. ๑ จงเลือกประโยคที่ถูกต้องตามภาพ (Choose the sentence that corresponds to each set of pictures)

๑.

ก. ตา ดู ตอ ข. โบ เจอ ปู ค. อา เจอ ตอ

๒.

ก. ปู ดู จอ ข. ตา ดู ปู ค. ปู ปา ตา

๑.๒ นำคำ [ปา   อา   ดี   ดู   กา   โบ] มาเขียนใต้ภาพ
ให้ถูกต้อง (Match the given words with the pictures below)

๑.

_____   _____   _____

๒.

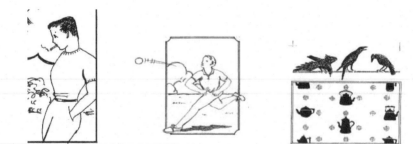

_____   _____   _____

๘

๑. ๓ เขียนตามภาพให้ถูกต้อง (Write a sentence that describes each set of pictures)

๑.

_____   _____   _____

๒.

_____   _____   _____

บทที่ ๒

นามีงู

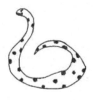

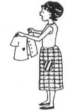

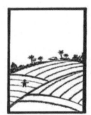

<u>**คำ**</u> **<u>Vocabulary</u>**

งู

มา

นา

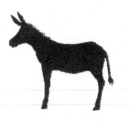

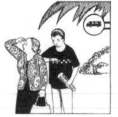

ลา

รอ

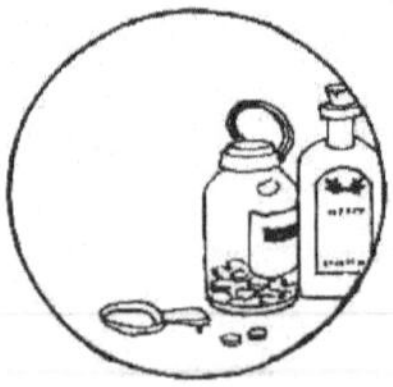

ยา

O

รี   แล

เวลา

<u>แบบฝึกอ่าน ๑</u>		<u>**Reading Practice 1**</u>
ลา มา	งู มา	รอ ยา
มา นา	มา รอ	เว ลา
รี รอ	นา รี	มี ยา
ยา งู	ยา ตา	ยา ดี

<u>แบบฝึกอ่าน ๒</u>		<u>**Reading Practice 2**</u>
ดูแล	อา ดูแล ลา	อา ดูแล ลา ดี
มี นา	ตา มี นา	ตา ดี มี นา ดี
มา นา	ลา มา นา	อา มา นา ตา ดี
รอ ตา	อา รอ ตา	อา รอ ตา มา นา
เจอ งู	อา เจอ ปู	อา เจอ งู ตี ปู
ตี งู	กา ตี งู	งู ตา โต มา รู

แบบฝึกอ่าน ๓ Reading Practice 3

ตา มี มี นา ดี

อา มี ลา ดี

อา มา นา ตา มี

นา ตา มี มี รู งู

งู มา นา งู มา รู งู ลา ดู รู งู

ลา เจอ งู งู แล ลา

อา ตี งู อา ปา งู

อา เจอ ดี งู ตี มือ อา

ตา มี มี ยา งู ดี

อา มี เวลา

อา รอ ยา ดี ตา มี

<u>แบบฝึกหัดที่ ๒</u> <u>Exercise 2</u>

๒. ๑ จงเลือกประโยคที่ถูกต้องตามภาพ (Choose the sentence that corresponds to each set of pictures)

๑.

ก. งู แล ลา   ข. งู รอ ลา   ค. ลา รอ นา

๒.

ก. ตา มา นา   ข. ตา ดู นา   ค. ตา มี ยา

๒.๒ นำคำ [รี   อา   เจอ   ปู   ยา   รอ] มาเขียนใต้ภาพ
ให้ถูกต้อง (Match the given words with the pictures below)

๑.

———   ———   ———

๒.

———   ———   ———

๒. ๓ เขียนตามภาพให้ถูกต้อง (Write a sentence that describes each set of pictures)

๑.

_____ _____ _____

๒.

_____ _____ _____

บทที่ ๓

จูงมือยายเดิน

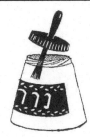

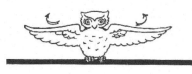

<u>คำ</u> **<u>Vocabulary</u>**

กาง กาว

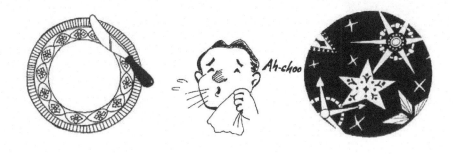

จาน จาม ดาว

เดิน ตาย ยาง

ยาม ยาว ยาย

ปีน   จีน

ปืน   ยืน

ลืม ปูน

แจว แมง

แมว   โกย

โบย   โยน

กางเกง

แตงโม   กอง   ดอย

นอน ลอย

ตาม เติม

เนย

จูงมือ

แบบฝึกอ่าน ๑ — Reading Practice 1

กาง มือ	กาง เกง	กาว ยาง
โยน จาน	โบย ยาม	แมว โกย
ยาม นอน	ยาย จาม	ดาว ลอย
ยืน ยาม	ปีน ยาว	ปีน ดอย
แตงโม ลอย	ยาย ลืม	เติม เนย
เติม ปูน	เวลา จาม	ปูน ลอย
ยาย แจว	ยาย เดิน	จูง แมว
แมว ตาย	ยาย โกย	ลืม แตงโม
จาน จีน	กาง เกง จีน	กางเกง ยาม
ลืม เวลา	นอน ยาว	ยาย โบย

แบบฝึกอ่าน ๒ **Reading Practice 2**

แมว มอง	นาง งาม	จีน แดง
แมง ปอ	นอน ตาย	โย เย
นอน มา	นอน ยาว	งอ แง
มือ กาว	ตีน แมว	ตีน กา
ลืม ตา	ลืม ตาย	ยาว ดี

แบบฝึกอ่าน ๓ **Reading Practice 3**

ตา ดู แล ยาย	อา ยืน ดู ดาว	ปู เดิน ตาม ตา
อา โบย ลา	ตา มา ดู นา	ยาย ลืม จาน
ลา ปีน ดอย	กาง เกง มี รู	อา ยืน จาม

แบบฝึกอ่าน ๔   Reading Practice 4

ตา มี กอง แตง โม   ตา ลืม มอง ยาย

ยาย โยน แตง โม   แตง โม ลอย

โดน แมว อา   แมว ตาย   อา โวย วาย

แบบฝึกอ่าน ๕   Reading Practice 5

ตา จูง มือ ยาย ดู ดาว

ยาย เจอ ดาว แดง

ตา เจอ ยาม

ยาม มี ปืน ยาว   ตา ยาย โกย

<u>แบบฝึกหัดที่ ๓</u> <u>Exercise 3</u>

๓. ๑ จงเลือกประโยคที่ถูกต้องตามภาพ (Choose the sentence that corresponds to each set of pictures)

๑.

ก. ปืน รอ ยาม ข. ยาม ลืม ปืน ค. ปืน ลืม ยาม

๒.

ก. แมว ปีน ดาว ข. แมว มา ดอย ค. แมว ปีน ดอย

๓.

ก. อา โบย ลา   ข. อา โบย ลา   ค. กา โกย อา

๓. ๒ เขียนตามภาพให้ถูกต้อง (Write a sentence that describes each set of pictures)

๑.

_____   _____   _____

๒.

_____ _____ _____ _____

๓.

_____ _____ _____ _____

บทที่ ๔

เตะแกะดุ

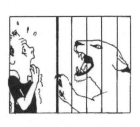

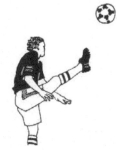

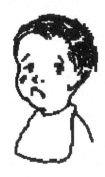

<u>**คำ**</u> <u>**Vocabulary**</u>

ดุ

เตะ

เบะ

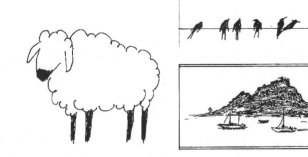

แกะ

เกาะ

เจาะ

ตะปู

แบบฝึกอ่าน ๑   **Reading Practice 1**

เกาะ แกะ   แกะ ดุ

เตะ แกะ   แกะ เตะ

แกะ เบะ   เจาะ เกาะ

เกาะ ตะ ปู   เตะ ตะปู

ตะ ปู เจาะ   ดุ แกะ

แบบฝึกอ่าน ๒   **Reading Practice 2**

เกาะ มี แกะ   เกาะ แกะ ดุ

อา มา เกาะ   ตา มา เกาะ

อา เจอ แกะ   แกะ แล อา

แกะ จะ เตะ อา   แกะ จะ เตะ ตา

ตา โกย   อา เตะ แกะ ดุ

อา เตะ แกะ ตาย   ตา ดุ อา   อา ดุ เกิน

<u>แบบฝึกหัดที่ ๔</u> <u>Exercise 4</u>

๔. ๑ จงเลือกประโยคที่ถูกต้องตามภาพ (Choose the sentence that corresponds to each set of pictures)

๑.

ก. ยาย เตะ ยา ข. ยา เจาะ ยาม ค. ยาย เจาะ ยาง

๒.

ก. แกะ นอน ตาย ข. แกะ เดิน ตาย

ค. เกาะ นอน ตาย

๓.

ก. อา มา เกาะ   ข. ตา มา เกาะ   ค. ลา ดู เกาะ

๔. ๒ เขียนตามภาพให้ถูกต้อง (Write a sentence that describes each set of pictures)

๑.

_____ _____ _____   _____

๒.

_____   _____   _____   _____

๓.

_____   _____   _____   _____

บทที่ ๕

กินแกงกัน

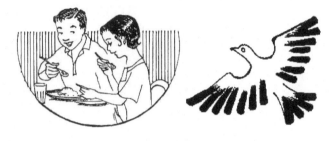

คำ **Vocabulary**

กิน บิน

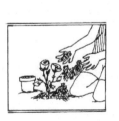

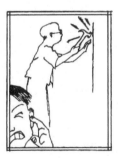

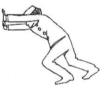

ดิน ดัง ดัน

ดึง   แจกัน   ปิงปอง

แบบฝึกอ่าน ๑   **Reading Practice 1**

กิน ดัง   กิน ดิน   กิน แกง

แจ กัน ดิน   แจ กัน บิน   ดึง แจ กัน

ปิง ปอง ดัง   ปิง ปอง บิน   ดึง ดัน

แบบฝึกอ่าน ๒   **Reading Practice 2**

ยาม ดุ   ยาม เตะ ปู   ปู ตาย

ปู ตาย บน เกาะ   งู กิน ปู   งู ตาย

กา มา เกาะ   กา เจอ งู   กา กิน งู

กา กิน งู ตาย บน เกาะ

แบบฝึกอ่าน ๓   **Reading Practice 3**

จาน บิน บิน ดัง   แกะ นอน ดู จาน บิน

อา ตี ปิง ปอง   ปิง ปอง โดน แกะ

แบบฝึกอ่าน ๔   **Reading Practice 4**

อา จะ กิน เนย   แมว เกะ กะ   แมว ดึง มือ อา

อา เตะ แมว   ยาย ตี อา   อา เบะ

อา ปา แจ กัน

แบบฝึกอ่าน ๕   **Reading Practice 5**

ยาย กิน แกง แกะ   ตา จะ กิน แกง ยาย

ตา ดึง แกง ยาย   ยาย ดุ   ยาย ตี มือ ตา

จาน บิน ลอย มา   ยาย ตา ลอย มอง จาน บิน

ตา กิน แกง ยาย

แบบฝึกอ่าน ๖   Reading Practice 6

บน ดอย   ลา นอน ดู แมง ปอ

แกะ เดิน ดู ดาว   แมว เดิน ตาม ปู

ปู มา รู งู   กา มอง งู บน ดิน

ตา กะ ยาย มอง ตา กัน   ตา แตะ มือ ยาย

<u>แบบฝึกหัดที่ ๕</u> **<u>Exercise 5</u>**

๕. ๑ จงเลือกประโยคที่ถูกต้องตามภาพ (Choose the sentence that corresponds to each set of pictures)

๑.

ก. ลา มอง แตงโม ข. ลา กิน แมง ค. ลา กิน แตงโม

๒.

ก. ยาง บิน มา ข. จาน บิน มา ค. จีน บิน มา

ก. เจอ กอง บิน ข. เจอ กิน ดิน ค. เจอ กอง ดิน

๕. ๒ เขียนตามภาพให้ถูกต้อง (Write a sentence that describes each set of pictures)

๑.

_____ _____ _____ _____

๒.

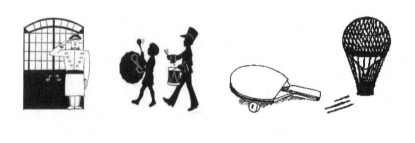

๓.

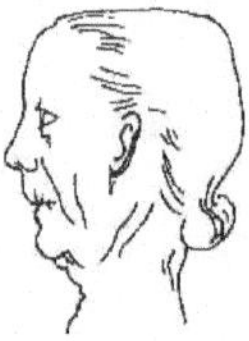

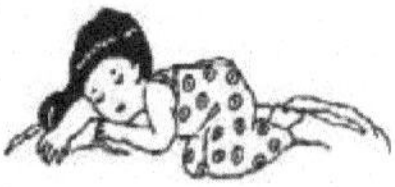

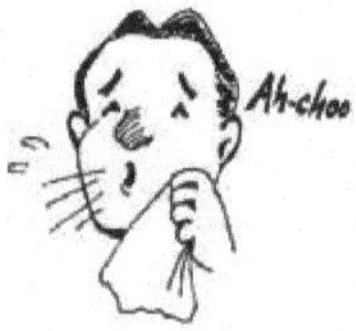

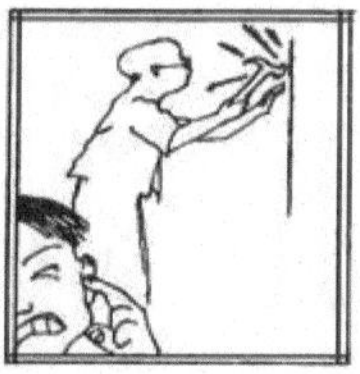

บทที่ ๖

เป็ดตกตึก

<u>**คำ**</u> <u>**Vocabulary**</u>

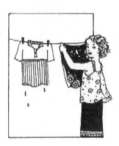

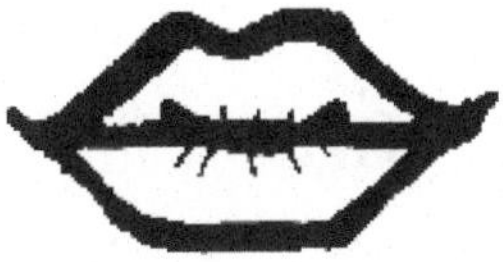

ปาก

ตาก

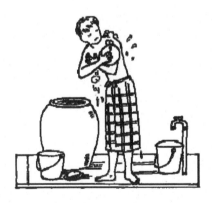

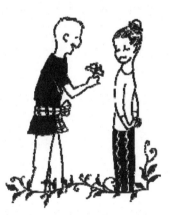

อาบ

จีบ

ปีก ดีด

อีก  จูบ

ดูด   แบก   แอบ

โดด   โบก

กอด   ตอบ   บอก

บอด    เปิด

กัด   จับ

ตัก   ตัด   ดึก

ตึก   เก็บ

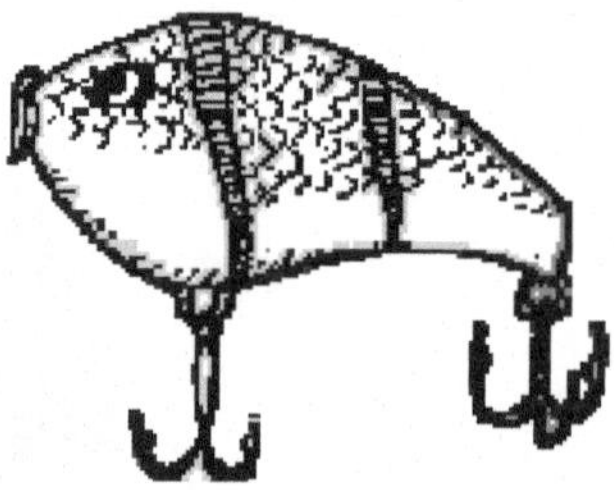

เด็ก   เบ็ด

เป็ด   ตก   ตบ

แบบฝึกอ่าน ๑ Reading Practice 1

แบก เปิ๊ด	ตัด ปีก	ตก ตึก
บอก อีก	โบก ตอบ	โดด จูบ
จีบ ปาก	จีบ เด็ก	แอบ จับ
จับ เด็ก	ตก เบ็ด	โดด กอด
ตา บอด	กัด ตอบ	ตก ดึก
แอบ กอด	แอบ จีบ	ตบ ปาก
ตึก เปิด	ตาก เบ็ด	เก็บ เบ็ด
ดีด ปาก	ดูด เปิ๊ด	เปิด ปาก

แบบฝึกอ่าน ๒   Reading Practice 2

ปู ตา บอด   เดิน ตก เกาะ   เป็ด จะ กิน ปู

เด็ก จับ เป็ด   ตา กับ ยาย   กิน เป็ด อบ

เด็ก กิน แกง จืด

แบบฝึกอ่าน ๓   Reading Practice 3

อา เป็น ยาม   อา แบก ปืน   เดิน บน ตึก

อา แอบ นอน   อา นอน นาน   ลืม เว ลา

ดู ดาว ตก

แบบฝึกอ่าน ๔   Reading Practice 4

เด็ก กิน แตง โม   แตง โม แดง

เด็ก กัด ปาก   เจ็บ ปาก   ปาก แตก

เด็ก บอก ยาย   ยาย โยน แตง โม

แตง โม ลอย โดน เป็ด

<u>แบบฝึกอ่าน ๕</u>   **<u>Reading Practice 5</u>**

อา นอน ดึก   อา แอบ ดู จาน บิน

จาน บิน มา จาก ดาว แดง

จาน บิน ตก

บน จาน บิน มี กบ กับ แกะ

กบ กับ แกะ มี ปีก   อา บอก ตา ยาย

ตา ยาย บอก อา เป็น เด็ก จัง

<u>แบบฝึกอ่าน ๖</u>   **<u>Reading Practice 6</u>**

ตา ตัก ดิน

ยาย ตัด กาง เกง

เด็ก เด็ก ตี ปิง ปอง

เด็ก เด็ก ตี กัน จน ปาก แตก

ตา ยาย จูง มือ กัน ดู ดาว ตก

ตา ยาย จะ จับ มือ กัน จน ตาย จาก กัน

แบบฝึกหัดที่ ๖ **Exercise 6**

๖. ๑ จงเลือกประโยคที่ถูกต้องตามภาพ (Choose the sentence that corresponds to the each set of pictures)

๑.

ก. เด็ก ตก ดึก   ข. เป็ด ตก ตึก   ค. เป็ด ตก ดึก

๒.

ก. เป็ด ตี ปิงปอง   ข. เด็ก ตบ ปิงปอง   ค. เด็ก ตี ปิง ปอง

๓.

ก. เด็ก กิน แตงโม   ข. ดูด แตงโม กิน   ค. ดูด กิน แตงโม

๖. ๒ เขียนตามภาพให้ถูกต้อง (Write a sentence that
describes each set of pictures)

๑.

_____   ____   _____   ____

๒.

๓.

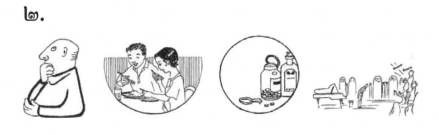

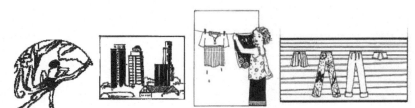

บทที่ ๗

บ้านป่าบนดอย

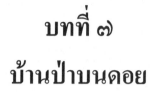

<u>คำ</u> **<u>Vocabulary</u>**

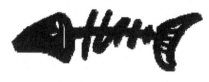

ก้าง

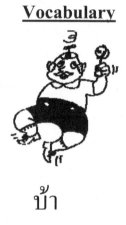

บ้า

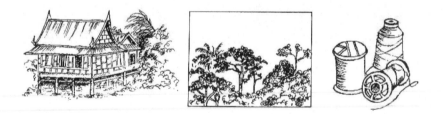

บ้าน

ป่า

ด้าย

อ่าง   อ่าน

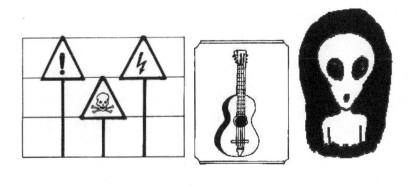

ป้าย   กี ต้า*   ต่าง ดาว

ดื่ม   ตื่น

แก่   แก้ม   แก้ว

โก้เก๋   บ่อ   กิ่ง

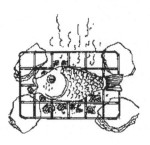  

ปิ้ง   อิ่ม   จิ๊กโก๋

กุ้ง   ตุ๊กตา

โต๊ะ   ก้น

แบบฝึกอ่าน ๑　　　　Reading Practice1

บ้าน ป่า	บ้าน ตุ๊ก ตา	บ้าน จิ๊ก โก๋
ป้าย โก้ เก๋	อ่าน ป้าย	อ่าง แก้ว
ก้น แก้ว	ก้น บ่อ	ก้น อ่าง
จิ๊ก โก๋ แก่	จิ๊ก โก๋ บ้า	กี ต้า จิ๊ก โก๋
บ้า ตื่น	บ้า ตุ๊กตา	ต่าง ดาว
แกะ แก่	กิ่ง แก่	แกะ กุ้ง
กุ้ง แก้ว	กุ้ง ปิ้ง	อิ่ม กุ้ง
แก้ม เด็ก	แก้ม ตุ่ย	จูบ แก้ม

แบบฝึกอ่าน ๒   **Reading Practice2**

บน ดอย มี ป่า   มีบ้าน   มีนา   มีบ่อ

นา มี ลา   มี แกะ   มี กบ   มี เป็ด   มี งู   มี ปู

ตา ยาย มี แมว   มี ปี่   มี กี ต้า

เด็ก เด็ก มี ตุ๊ก ตา   มี โต๊ะ ปิง ปอง

แมว มี ก้าง

แบบฝึกอ่าน ๓   **Reading Practice3**

ตา ยาย กิน แกง กุ้ง อิ่ม   ตา ยาย นอน

จิ๊ก โก๋ มา นา อ่าน ป้าย

จิ๊ก โก๋ จะ มา บ้าน ตา ยาย

จิ๊ก โก๋ จะ มา จีบ เด็ก   จิ๊ก โก๋ เดิน บน ดอย

เจอ จาน บิน ต่าง ดาว   จิ๊ก โก๋ โกย

จิ๊ก โก๋ เจอ ยาม   จิ๊ก โก๋ บอก ยาม

จาน บิน จาก ดาว แดง ตก บน ดอย

ยาม บอก จิ๊ก โก๋ เป็น บ้า

จิ๊ก โก๋ ดื่ม ยา แก้ บ้า

ปู่ แก่   ปู่ เดิน มา บ้าน อา

อา กิน กบ แก้ม ตุ่ย

ปู่ กับ อา เดิน มา บ้าน ตา ยาย

ปู่ กับ อา บอก ตา ยาย

บน ดอย มี จิ๊ก โก๋ กับ จาน บิน

จาน บิน มา จาก ต่าง ดาว

จิ๊ก โก๋ มา จาก.................(มีต่อ)

๗. ๑ จงเลือกประโยคที่ถูกต้องตามภาพ (Choose the sentence that corresponds to each set of pictures)

๑.

ก. จิ๊กโก๋ ตบ กีต้า   ข. จิ๊กโก๋ จูบ กีต้า   ค. จิ๊กโก๋ ดีด กีต้า

๒.

ก. อา อ่าน ป้าย   ข. อา ดู บ้าน   ค. อา อ่าน บ้าน

๓.

ก. กิน ยา จีน   ข. กิน โต๊ะ จีน   ค. โต๊ะ จีน บิน

๗. ๒ เขียนตามภาพให้ถูกต้อง (Write a sentence that describes each set of pictures)

๑.

__________ __________ __________ __________

๒.

_____   _____   _____   _____

๓.

_____   _____   _____   _____

ภาคผนวก

<u>เฉลยแบบฝึกหัด</u>

<u>แบบฝึกหัดที่ ๑</u>

๑.๑ จงเลือกประโยคที่ถูกต้องตามภาพ

๑. ค. อา เจอ ตอ

๒. ก. ปู ดู จอ

๑.๒ นำคำ [ปา อา ดี ดู กา โบ] เขียนใต้ภาพให้ถูกต้อง

๑. โบ ดู ดี

๒. อา ปา กา

๑.๓ เขียนคำตามภาพให้ถูกต้อง

๑. ตา ตี กา

๒. ปู ดู โบ

<u>แบบฝึกหัดที่ ๒</u>

๒.๑ จงเลือกประโยคที่ถูกต้องตามภาพ

๑. ข. งู รอ ลา

๒. ก. ตา มา นา

๒.๒ นำคำ [รี อา เจอ ปู ยา รอ] เขียนใต้ภาพให้ถูกต้อง

๑. ปู เจอ ยา

๒. อา รี รอ

๒. ๓ เขียนคำตามภาพให้ถูกต้อง

๑. ดู แล ตา

๒. ลา เจอ ปู

<u>แบบฝึกหัดที่ ๓</u>

๓. ๑ จงเลือกประโยคที่ถูกต้องตามภาพ

๑. ข. ยาม ลืม ปีน

๒. ค. แมว ปีน ดอย

๓. ก. อา โบย ลา

๓. ๒ เขียนคำตามภาพให้ถูกต้อง

๑. ตา จูงมือ ยาย

๒. ปีน ดอย ดู ดาว

๓. ยาม เจอ งู ตาย

<u>แบบฝึกหัดที่ ๔</u>

๔. ๑ จงเลือกประโยคที่ถูกต้องตามภาพ

๑. ค. ยาย เจาะ ยาง

๒. ก. แกะ นอน ตาย

๓. ข. ตา มา เกาะ

๔. ๒ เขียนคำตามภาพให้ถูกต้อง

๑. ตา เตะ แกะ ดุ

๒. ลืม เวลา มา เกาะ

๓. ยาย ดุ อา เบะ

แบบฝึกหัดที่ ๕

๕. ๑ จงเลือกประโยคที่ถูกต้องตามภาพ

๑. ค. ลา กิน แตงโม

๒. ข. จาน บิน มา

๓. ก. เจอ กอง ดิน

๕. ๒ เขียนคำตามภาพให้ถูกต้อง

๑. ยืน ดู แจ กัน จีน

๒. ยาย นอน จาม ดัง

๓. ยาม ตี ปิง ปอง ลอย

แบบฝึกหัดที่ ๖

๖. ๑ จงเลือกประโยคที่ถูกต้องตามภาพ

๑. ข. เป็ด ตก ตึก

๒. ค. เด็ก ตี ปิงปอง

๓. ค. ดูด กิน แตงโม

๖. ๒ เขียนคำตามภาพให้ถูกต้อง

๑. บอก ยาม จับ งู

๒. ลืม กิน ยา อีก

๓. ปีน ตึก ตาก กาง เกง

แบบฝึกหัดที่ ๗

๗. ๑ จงเลือกประโยคที่ถูกต้องตามภาพ

๑. ค. จิ๊กโก๋ ดีด กีต้า

๒. ก. อา อ่าน ป้าย

๓. ข. กิน โต๊ะ จีน

๗. ๒ เขียนคำตามภาพให้ถูกต้อง

๑. จาน บิน ต่าง ดาว ตก

๒. แมว แก่ กิน กุ้ง

๓. ตา บอด ตื่น นอน

คำศัพท์

คำศัพท์	Phonetics	ความหมาย
บทที่ ๑		
ปู	puu	a crab
ตา	taa	1. an eye 2. a maternal grandfather
โต	too	to be big
กา	kaa	1. a crow 2. a kettle
ปา	paa	to throw
อา	ʔaa	an uncle (a father's younger sibling or cousin)
ดี	dii	to be good
ตี	tii	to hit
ดู	duu	to see, watch
โบ	boo	a ribbon
จอ	cɔɔ	a screen
ตอ	tɔɔ	a (tree) stump
เจอ	cəə	to find

คำศัพท์	Phonetics	ความหมาย
เจอดี	cəə dii	to encounter bad things
<u>บทที่ ๒</u>		
นา	naa	a rice field
มี	mii	to have
รู	ruu	a hole
งู	ŋuu	a snake
มา	maa	to come; towards; in bound
ลา	laa	a donkey
รอ	rɔɔ	to wait
ยา	yaa	medicine
รี	rii	an oval
แล	lɛɛ	to see, to look
ดู แล	duu lɛɛ	to take care (of)
มือ	mʉʉ	a hand
<u>บทที่ ๓</u>		
จูงมือ	cuuŋ mʉʉ	to hold hand & lead by the hand

คำศัพท์	Phonetics	ความหมาย
ยาย	yaay	a maternal grandmother
เดิน	dəən	to walk
กาง	kaaŋ	to spread, to stretch out
กาว	kaaw	glue
จาน	caan	a plate
จาม	caam	to sneeze
ดาว	daaw	a star
ตาย	taay	to be dead, to die
ยาง	yaaŋ	a tire, rubber
ยาม	yaam	a security guard
ยาว	yaaw	to be long
ปีน	piin	to climb
จีน	ciin	China, Chinese
ปืน	pɨɨn	a gun
ยืน	yɨɨn	to stand
ลืม	lɨɨm	to forget

คำศัพท์	**Phonetics**	ความหมาย
ปูน	puun	cement
แจว	cɛɛw	to row
แมง	mɛɛŋ	an insect
แมว	mɛɛw	a cat
โกย	kooy	to run away, to flee
โบย	booy	to cane
โยน	yoon	to throw away
กางเกง	kaaŋ keeŋ	a pair of pants or shorts
เวลา	wee laa	time
แตงโม	tɛɛŋ moo	a watermelon
กอง	kɔɔŋ	a pile
ดอย	dɔɔy	a mountain
นอน	nɔɔn	to sleep
ลอย	lɔɔy	to float
เติม	təəm	to fill up
เนย	nəəy	butter
แดง	dɛɛŋ	to be red
แมง ปอ	mɛɛŋ pɔɔ	a dragonfly

คำศัพท์	Phonetics	ความหมาย
มอง	mɔɔŋ	to take a look
แมว มอง	mɛɛw mɔɔŋ	a scout
จีนแดง	ciin dɛɛŋ	Red China (People's Republic of China)
นางงาม	naaŋ ŋaam	Beauty Queen
มือกาว	mʉʉ kaaw	light-fingered, sticky-fingered, sticky hands
ตีนแมว	tiin mɛɛw	a (cat) burglar
ตีนกา	tiin kaa	crow's feet, a wrinkle
นอนมา	nɔɔn maa	for sure, certainly
ลืมตา	lʉʉm taa	to open one's eyes
ยืนยาว	yʉʉn yaaw	a long time
ดูดี	duu dii	to look good
นาน	naan	to be a long time

คำศัพท์	**Phonetics**	ความหมาย
โย เย	yoo yee	to be cranky
งอ แง	ŋɔɔ ŋɛɛ	to be sulky
ตาม	taam	to follow
โดน	doon	to be touched
โวย วาย	wooy waay	to complain, to make a fuss

บทที่ ๔

เตะ	tè	to kick
แกะ	kɛ̀	1. a sheep 2. to peel (Lesson 7)
ดุ	dù	to scold, to be fierce
เบะ	bè	a weepy face
เกาะ	kɔ̀	an island, or to perch
เจาะ	cɔ̀	to make a hole, to pierce
ตะปู	tà puu	a nail
จะ	cà	will

คำศัพท์	Phonetics	ความหมาย
.......เกิน	kəən	too........
<u>บทที่ ๕</u>		
กิน	kin	to eat
แกง	kɛɛŋ	a curry dish, soup
กัน	kan	each other
บิน	bin	to fly
ดิน	din	soil
ดัง	daŋ	to be loud
ดัน	dan	to push
ดึง	dʉŋ	to pull
แจกัน	cɛɛ kan	a vase
ปิงปอง	piŋ pɔŋ	a table tennis
บน	bon	on (prep.)
จาน บิน	caan bin	a flying saucer
เกะ กะ	kè kà	to be obstructive, messy
กะ	kà	and, with *(in this context*)

คำศัพท์	Phonetics	ความหมาย
แตะ	tὲ	to touch
<u>**บทที่ ๖**</u>		
เป็ด	pèt	a duck
ตก	tòk	to fall
ตึก	tʉ̀k	a building
ปาก	pàak	a mouth
ตาก	tàak	to dry
อาบ	ʔàap	to bathe
จีบ	cìip	to flirt, to court
ปีก	pìik	a wing
ดีด	dìit	to flick (with fingers)
อีก	ʔìik	one more time (encore)
จูบ	cùup	to kiss
ดูด	dùut	to suck
แบก	bὲɛk	to carry
แอบ	ʔὲɛp	to hide, to do something secretly

คำศัพท์	Phonetics	ความหมาย
โดด	dòot	to jump
โบก	bòok	to wave
กอด	kɔ̀ɔt	to hug
ตอบ	tɔ̀ɔp	to answer, to reply
บอก	bɔ̀ɔk	to tell
บอด	bɔ̀ɔt	to be blind
เปิด	pə̀ət	to open
กัด	kàt	to bite
จับ	càp	to hold, to catch
ตัก	tàk	to scoop
เก็บ	kèp	to keep
เด็ก	dèk	a child
เบ็ด	bèt	a fishing pole, a fishing rod, a fish hook
ตบ	tòp	to slap
เป็ด อบ	pèt ʔòp	roasted duck
แกง จืด	kɛɛŋ cʉ̀ʉt	plain soup

คำศัพท์	**Phonetics**	ความหมาย
เป็น	pen	a word that links the subject of a sentence with a subject compliment, similar to verb 'to be' in English
มาจาก	maa càak	to come from
กบ	kòp	a frog
จัง	caŋ	a lot (colloquial)
จน	con	until
จากกัน	càak kan	to depart from each other

บทที่ ๗

บ้าน	bâan	a house, a home, a dwelling
ป่า	pàa	a forest
ก้าง	kâaŋ	a fish bone
บ้า	bâa	to be crazy
ด้าย	dâay	thread

คำศัพท์	Phonetics	ความหมาย
อ่าง	ʔàaŋ	a basin
อ่าน	ʔàan	to read
ป้าย	pâay	a sign
กีต้า*	kii tâa	a guitar
ดื่ม	dɨ̀ɨm	to drink
ตื่น	tɨ̀ɨn	to wake up
แก่	kɛ̀ɛ	to be old
แก้ม	kɛ̂ɛm	a cheek
แก้ว	kɛ̂ɛw	a glass
โก้ เก๋	kôo kěe	to be chic
บ่อ	bɔ̀ɔ	a well
กิ่ง	kìŋ	a branch
ปิ้ง	pîŋ	to grill
อิ่ม	ʔìm	to be full
จิ๊กโก๋	cík kǒo	a jiggalo
กุ้ง	kûŋ	shrimp, prawn
ตุ๊กตา	túktaa	a doll
โต๊ะ	tóʔ	a table
ก้น	kôn	a bottom, buttocks

ปี่	pìi	an aboe
แก้ม ตุ่ย	kɛ̂ɛm tùy	a puffed out cheek
ปู่	pùu	a paternal grandfather
แก้	kɛ̂ɛ	to cure, to remedy, to untie
กับ	kàp	and, with (the full form of กะ in Lesson 5.)

Note:

*The word " โบ" and "กีต้า" are English loan words and are actually spelled "โบว์" and "กีตาร์" in Thai , to represent the original spellings in English